CHUÁ! CHUÁ!
GOTA D'ÁGUA, CÉU E MAR

CHUÁ! CHUÁ!
GOTA D'ÁGUA, CÉU E MAR

Mirna Brasil Portella

ilustrações: Camila Carrossine

escrita fina

Copyright© 2011 de texto *by* Mirna Brasil Portella
Copyright© 2011 de ilustração *by* Camila Carrossine
Copyright© 2011 desta edição *by* Escrita Fina Edições

Grafia atualizada segundo o Acordo Ortográfico da Língua Portuguesa de 1990,
em vigor no Brasil desde 1º de janeiro de 2009.

Todos os direitos reservados e protegidos pela Lei 9.610, de 19 de fevereiro de 1998.
É proibida a reprodução total ou parcial sem a expressa anuência da editora.

Coordenação editorial: Laura van Boekel
Editora assistente: Carolina Rodrigues
Editora assistente (arte): Luíza Costa
Projeto gráfico e ilustrações: Camila Carrossine
Consultoria técnica: Adhemar Gimenes Ferreira (biólogo e educador ambiental)

CIP-Brasil. Catalogação na fonte.
Sindicato Nacional dos Editores de Livros, RJ.
P877c

Portella, Mirna Brasil
  Chuá, chuá: gota d'água, céu e mar/Mirna Brasil Portella; ilustrações de Camila Carrosine. – 1ª. ed. – Rio de Janeiro: Escrita Fina, 2011.
  36p.: il.color.

  ISBN 978-85-63877-38-3

  1. Poesia infantojuvenil brasileira. I. Carrosine, Camila. II. Título.

11-5269   CDD: 028.5   CDU: 087.5

Escrita Fina Edições
[marca do Grupo Editorial Zit]
Av. Pastor Martin Luther King Jr., 126 | Bloco 1000 | Sala 204 | Nova América Offices | Del Castilho
20765-000 | Rio de Janeiro | RJ
Tel.: 21 2564-8986 | editora@zit.com.br | ziteditora.com.br

Impresso no Brasil/*Printed in Brazil*

Para Ricardo, companheiro de todas as horas, pelo incentivo e apoio incondicionais.

Para Vinicius e Rafael, minhas fontes de inspiração.

Agradecimentos:

Karine Cariello, por ter promovido o meu encontro com a Escrita Fina; Thaïs Camello, amiga e leitora desde as primeiras páginas; Ana Luiza Badaró Braga, por ter acreditado na grandeza dessa nascente; Adhemar Gimenes Ferreira, pelo olhar de biólogo; Ilan Brenman, pela força inesquecível que me deu; Ziraldo, pelo incentivo; e Ricardo Oiticica, por sua leitura definitiva.

Por fim, a todos os amigos que me incentivaram e torceram pelo primeiro livro.

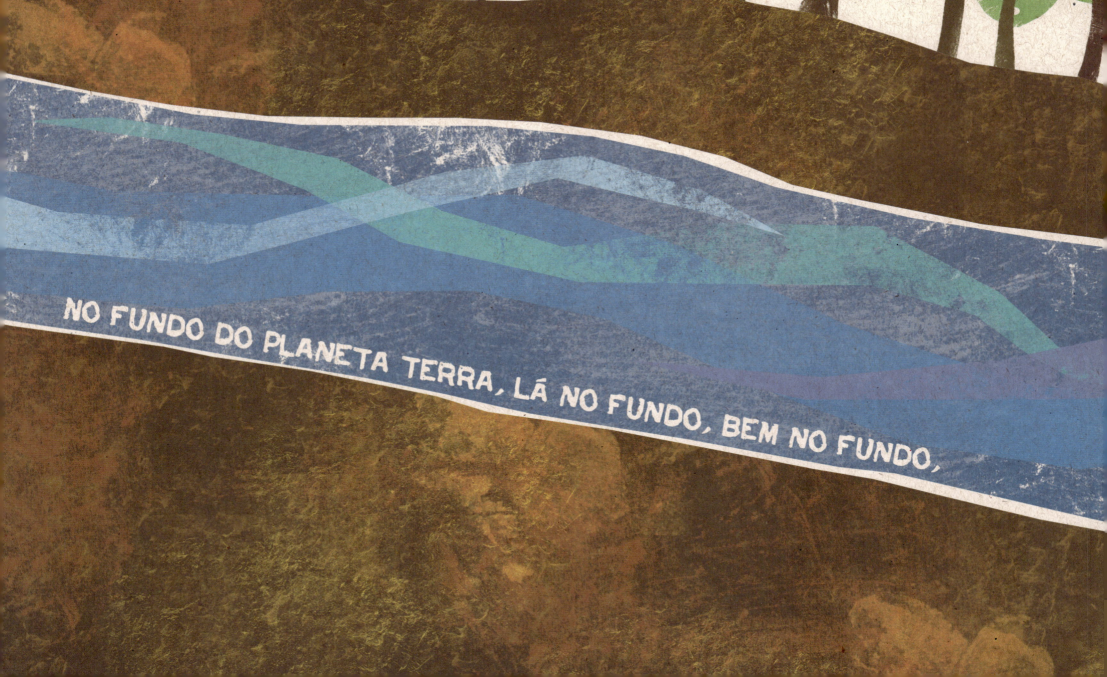

HAVIA UM LAGO PRESO QUE QUERIA SER DO MUNDO.

VIVIA O LAGO ESCONDIDO, QUIETO, TÍMIDO E OPRIMIDO, E SÓ CONHECIA O CÉU PORQUE, DE MANSO E FININHO,

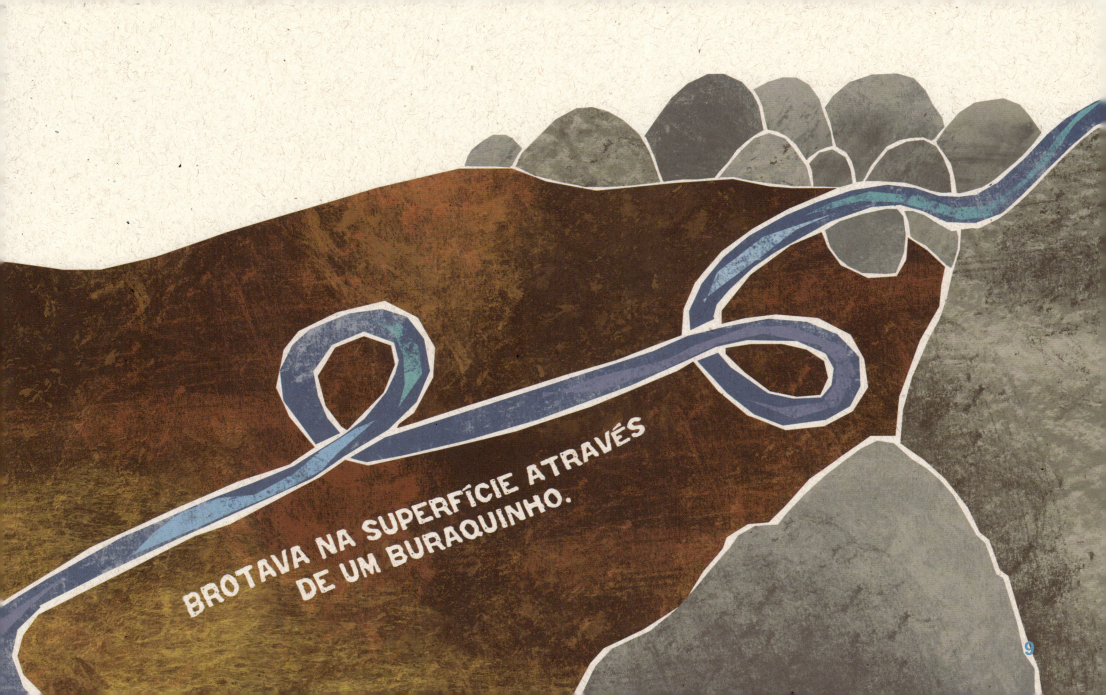

GOTA A GOTA, DIA A DIA, ESCORRIA PELA PEDRA.

LÁ DO TOPO DA MONTANHA COMEÇAVA A SUA QUEDA.

QUEDA D'ÁGUA QUE COMEÇA PEQUENINA E PERSISTENTE

PRA TORNAR-SE CÁ EMBAIXO UMA IMENSA TORRENTE

DE ÁGUA FRESCA, CRISTALINA, DOCE E ESPUMANTE,

QUE SE TRANSFORMA EM RIO QUE CARREGA O NAVEGANTE...

AH, QUANTA COISA QUE ERA AQUELA AGUINHA SERENA!

MAS, APESAR DE ENXURRADA, SE ACHAVA TÃO PEQUENA.

E QUANTO MAIS PERSEGUIA O SEU CURSO EM DESATINO,

MAIS SE TORNAVA GIGANTE PRA CUMPRIR O SEU DESTINO

DESAGUANDO EM TODO MAR
PRA DESCOBRIR-SE OCEANO,
E PERCEBER O ENGANO
DE ACHAR-SE PEQUENINA.
QUAL PEQUENINA QUE NADA!
SE ERA A FONTE DA VIDA
DE TUDO QUANTO EXISTIA...

E JÁ SE ENCHENDO DE TÉDIO
SEM SABER SE OUTROS CAMINHOS
AINDA PERCORRERIA,
SENTIU-SE LEVE, TÃO LEVE...

SEM ENTENDER COISA ALGUMA,
SENTIU-SE TRISTE E PESADA,

E, AO OUVIR A TROVOADA,
NÃO SE CONTEVE E CHOROU.

DESCEU NOVAMENTE A SERRA, CAMINHO JÁ PERCORRIDO.

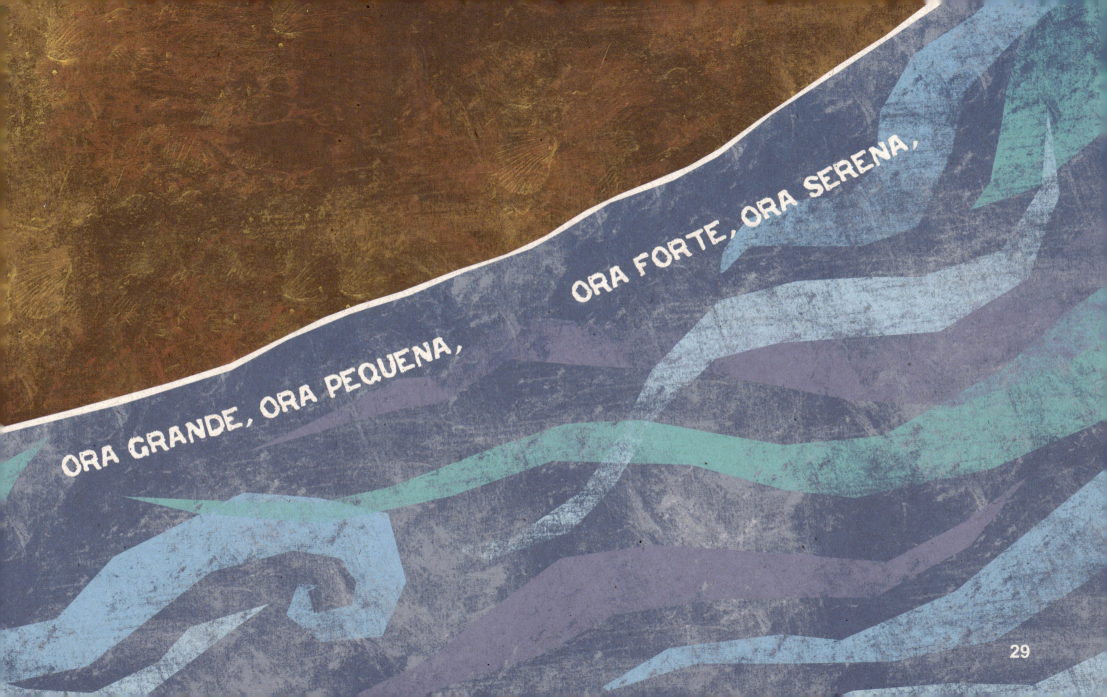

CURIOSIDADES

Os lençóis freáticos, também conhecidos como lençóis d'água, encontram-se embaixo da terra. A água que cai da chuva entra pelo solo e infiltra-se pelas camadas inferiores até encontrar a rocha, que freia a água, formando bolsões, verdadeiros lagos subterrâneos.

Essa água armazenada é quase sempre pura, altamente potável, e pode minar da terra. Quando isso acontece, é chamada de nascente, porque dela podem nascer um ou mais rios que seguirão rumo ao mar para se misturarem aos oceanos, que é aonde todo rio vai dar.

Toda a água do planeta, esteja ela onde estiver, no subsolo, nos rios, lagos, lagoas, oceanos, e até nas geleiras, é constantemente evaporada pelo calor do sol. Transformada em vapor, a água sobe ao céu e vira nuvem. Lá no céu a temperatura é bem mais baixa que a da terra. Então, aquela água que subiu, em forma de vapor, torna-se líquida ou sólida, dependendo do frio que faz lá em cima. E quando a nuvem, muito cheia e pesada, esbarra com outra, a água cai, como chuva ou como neve.

Essa água que cai do céu volta para os rios, lagos, cachoeiras, lagoas, oceanos até ser aquecida novamente pelo sol e virar nuvem, chuva, neve... Tudo de novo! Isso se chama CICLO DA ÁGUA. É um vaivém e sobe e desce que não para nunca. A água circula. E é a mesma de milhões de anos atrás! Isso quer dizer que toda água já foi rio, já foi mar, já foi chuva, já foi geleira.

Então, um simples pingo d'água é uma gota de mar, uma gota de rio, uma gota de chuva, uma gota de vida.

VOCÊ SABIA?

Os animais e plantas transpiram, liberando água em forma de suor. Essa água também é aquecida pelo sol e sobe em forma de vapor para depois virar chuva. E o mesmo também acontece com o xixi. Acredita?

Quando a água do mar sobe em forma de vapor, o sal não vai junto não, ele fica no oceano.

Todo lençol freático é lençol d'água, mas nem todo lençol d'água é lençol freático. É que o lençol freático é sempre subterrâneo, mas o lençol d'água pode estar no subsolo, na superfície ou mesmo no céu, em forma de nuvens – existe uma quantidade tão grande de água no céu, sob a forma gasosa, que alguns cientistas chamam o fenômeno de "rios voadores".

O lixo produzido pelas indústrias libera substâncias altamente tóxicas. Quando a chuva cai, lavando esse lixo, acaba criando um líquido escuro, malcheiroso e muito poluente chamado chorume. Esse chorume, que é como se fosse um choro, pode infiltrar-se no subsolo e poluir os lençóis freáticos, deixando a água imprópria para o consumo. Por isso é muito importante lutar para que as indústrias se comprometam a não poluir o meio ambiente.

Primeira edição: agosto de 2011
Impressão: Zit Gráfica e Editora